BIBLIOTHÈQUE ROYALE

DE

LUANG-PRABANG

CATALOGUE

Par M. MEILLIER,

Administrateur des Services civils.

HANOI-HAIPHONG

IMPRIMERIE D'EXTRÊME-ORIENT

1918

BIBLIOTHÈQUE ROYALE

DE

LUANG-PRABANG

CATALOGUE

Par M. MEILLIER,

Administrateur des Services civils.

HANOI-HAIPHONG

IMPRIMERIE D'EXTRÊME-ORIENT

1918

PRÉFACE

Dans le nouveau palais royal qu'on vient de construire à Luang-Prabang, on a réservé, derrière le trône, une place d'honneur à un meuble en bois précieux destiné à contenir la bibliothèque royale de manuscrits laotiens. Bien qu'on n'ait sans doute cherché là aucun symbole, il faut reconnaître que l'idée fut heureuse d'adosser en quelque sorte la paternelle autorité du roi de Lan Xang à ces livres où est enclose toute la tradition religieuse et morale de son peuple. Sans doute cette littérature ne brille ni par l'originalité de la pensée ni par la beauté de la forme : elle n'est guère, dans l'ensemble, qu'un reflet du Canon bouddhique. Ne méprisons pas pourtant ces humbles feuilles de palmier : elles ont façonné, à travers les siècles, l'esprit et le cœur des générations ; elles leur ont enseigné quelques-unes des vertus qui distinguent le civilisé du sauvage. Et si parfois la pensée s'est trouvée trop abstruse et l'idéal trop haut pour les âmes puériles qui s'efforçaient d'y atteindre, qu'importe ! Même quand on ne la pénètre pas, l'idée est un ferment ; même quand on s'y dérobe, la loi est un frein. L'enseignement bouddhique, traduit de la langue savante dans l'idiome vulgaire, a été pour ce peuple « le refuge et le flambeau ». C'eût été à la fois un acte d'ingratitude pour le passé et une regrettable insouciance de l'histoire que d'en laisser périr les titres.

Or ces textes étaient en voie de disparaître rapidement. Il n'existait guère jusqu'à présent que des bibliothèques de couvents, tenues avec l'aimable laisser-aller qui caractérise le Laos. Dans ces asiles du repos, l'inventaire et le registre de prêt sont des complications inconnues. Les livres sont là : emprunte qui veut, rend qui veut. Les fascicules isolés ou en liasses partent sur l'épaule des bonzillons agiles pour des pagodes éloignées, d'où ils ne reviennent pas toujours, laissant dans les coffres un vide que comblent tant bien que mal d'autres manuscrits qu'on emprunte et qu'on garde. Cette circulation capricieuse a mis le désordre partout : elle a certainement causé la perte de nombreux ouvrages, la mutilation d'un plus grand nombre et menaçait le reste d'une prochaine destruction.

C'est alors qu'intervint la création de la Bibliothèque royale. L'honneur en revient à M. l'administrateur Meillier, commissaire du Gouvernement à Luang-Prabang. Il réalisa très vite l'intérêt qui s'attachait à la conservation de cette littérature et le moyen pratique de la sauver. Une bibliothèque, gardée au palais sous une bonne serrure et munie d'un catalogue tenu à jour : tel est le plan très simple et très efficace qui fut conçu et promptement exécuté par M. Meillier. Un inventaire sommaire des bibliothèques monastiques permit de dresser une liste générale des manuscrits à acquérir : les uns furent offerts au roi, les autres copiés. Aujourd'hui, si la collection n'est pas complète et s'il est permis d'espérer encore pour l'avenir d'importants accroissements, on peut dire que la plus grande partie de la littérature laotienne est en sûreté.

Mais conserver ne veut pas dire séquestrer : une bibliothèque n'est vraiment utile qu'à la condition de prêter libéralement ses livres. Tel est aussi le dessein qui a présidé à la fondation de celle de Luang-Prabang. Non seulement elle accueillera des lecteurs, mais elle prêtera aux autres bibliothèques ses bons offices pour la recherche et l'acquisition des manuscrits qui leur manquent. Ce service a déjà commencé à fonctionner sous l'énergique impulsion de M. Meillier et c'est avec une sincère gratitude que je mentionne ici les importants accroissements qu'il a valus au fonds laotien de l'Ecole française d'Extrême-Orient.

Pour tirer parti d'une collection de manuscrits, il faut en avoir à sa disposition le catalogue : tel est le but de celui qui est présenté ici au public. Il comprend près de 1200 ouvrages. La plupart sont des traductions ou plutôt des paraphrases de textes pâlis. Les textes originaux sont rares : ils se réduisent à la collection des sut ou « récitations ». Ce sont les morceaux que les moines sont tenus de réciter de mémoire dans les diverses cérémonies du culte. En dehors de ce petit manuel de l'officiant, tout le reste de la littérature, ou peu s'en faut, est en langue vulgaire plus ou moins relevée de pâli. Toutes les parties du canon n'y sont pas également représentées : celle qui a joui évidemment de la plus grande faveur, c'est le livre des Jātakas.

Les Jātakas sont théoriquement des récits édifiants empruntés aux vies antérieures du Buddha. En fait, ce sont des contes d'origine très diverse qui ont reçu l'estampille bouddhique. Ils sont à la portée de tous. Ils enseignent non de profondes théories métaphysiques, mais des vertus pratiques et même profanes. Ils plaisent par leur variété : les uns excitent l'émotion, d'autres captivent l'intérêt, d'autres piquent la curiosité ou amusent par le récit d'aventures plaisantes. Leur succès s'explique aisément. Outre la collection complète des « Cinq cents jātakas » (Ha roi xat), il y en a un certain nombre qui existent isolément : c'est le cas particulièrement des Dix Jātakas, qui terminent le recueil, et surtout du plus apprécié d'entre eux, le Vessantara-jātaka. L'engouement pour cette branche de la littérature religieuse a été tel que la collection canonique n'a pas suffi à le satisfaire et qu'il a conduit à la composition d'un recueil apocryphe : les « Cinquante Jātakas » (Paṇṇāsajataka, Ha sip xat).

Après les Jātakas, il semble bien que les livres les plus goûtés soient les ouvrages apocryphes ou extra-canoniques. Dans cette littérature de basse époque, la sévérité de la doctrine s'adoucit, sa hauteur décourageante s'incline vers le niveau commun, sa rigidité se plie aux désirs de la foule. Exemple : un dieu va mourir pour renaître dans l'enfer et traverser une série de corps souffrants : ainsi le veut l'inflexible loi du Kamma. Mais le Buddha se trouve là juste à point pour lui enseigner la souveraine formule qui le sauve de son destin et sauvera après lui tous ceux qui la réciteront. On comprend que les copies de cette précieuse recette se soient multipliées. Il en est de même des petits tracts qui instruisent les fidèles des indulgences qu'ils peuvent acquérir par telle ou telle œuvre pie : ils sont assez nombreux pour former une véritable branche de la littérature religieuse, celle des Soṅ (anisaṃsa) ; le présent catalogue en contient une centaine et sans doute n'épuise-t-il pas la matière.

Quelques légendes partagent avec les Jātakas la faveur des âmes simples, que les questions d'authenticité ne troublent guère : de ce nombre sont les récits fantastiques du voyage de Pra Malai aux enfers, de Jambūpati, de la fin du monde, etc.

Telles sont les parties encore vivantes de la littérature bouddhique. Ce n'est pas à dire que les traités dogmatiques soient inconnues : on en rencontre çà et là des fragments ou même des sections entières ; mais ils dorment leur sommeil et demeurent dans leur poussière. On n'éprouve guère le désir de se familiariser avec eux. Major e longinquo reverentia.

Quant aux œuvres profanes, les plus lues sont les longs poèmes romanesques (Kalaket, Lin Toṅ, etc.) où un certain nombre de types fixés par la tradition sont jetés dans un cycle d'aventures composées de thèmes uniformes : enlèvements, courses aériennes sur des chevaux volants, batailles avec des armes magiques, métamorphoses, massacres et résurrections. La forme de ces rhapsodies est faible et la caractéristique des personnages à peu près nulle.

Si on ajoute aux catégories que nous venons d'énumérer quelques autres moins répandues : chroniques (poṅsavadan), proverbes (suphasit), codes (kotmai), et qnelques rares traités techniques, on aura le schema sommaire, mais à peu près complet de la littérature laotienne.

Cette littérature est restée jusqu'ici une terra incognita. *Le catalogue de M. Meillier en donne un premier aperçu. Il ne contient, il est vrai, que des titres, dont le sens reste souvent incertain. Mais c'est un grand point que d'avoir rassemblé et inventorié des documents dont la dispersion empêchait l'étude. Nos remerciements lui sont dus pour ce travail aride et désintéressé. Notre reconnaissance va également à S. M. le roi de Luang-Prabang qui a mis tant de bonne grâce à faciliter l'exécution de ce projet, selon la meilleure tradition des souverains bouddhistes dont le premier devoir est la protection du Dhamma.*

L. FINOT.

AVERTISSEMENT

Le présent catalogue, simple nomenclature sans prétention linguistique, contient la liste des ouvrages qu'il m'a été possible de réunir dans les pagodes et chez quelques particuliers, au cours des années 1913 à 1917, où j'ai assumé les fonctions de Commissaire du Gouvernement de la province de Luang-Prabang. Ce travail de réunion a été laborieux, car les bonzes n'ont aucun soin de leurs manuscrits qu'ils laissent traîner épars et dont ils ignorent même le contenu pour la plupart. Il a fallu procéder au collationnement minutieux des volumes recueillis.

Un certain nombre d'ouvrages purement laotiens, contes populaires, traités de médecine, etc. y figurent. Écrits en général sur papier indigène, ils sont rares et les habitants qui les possèdent ne tiennent pas à s'en dessaisir. J'en ai fait prendre des copies.

Le catalogue primitif a été l'objet d'une révision approfondie, sur les conseils largement donnés et profondément nécessaires de M. FINOT, Professeur au Collège de France, Directeur p. i. de l'Ecole française d'Extrême-Orient. C'est grâce à ces mêmes conseils que des ouvrages manquants, au nombre de plus d'une centaine, ont pu être recherchés et retrouvés.

J'ai été très efficacement assisté dans ma tâche par le Chao SITHAMARAT, Chao Krom Chily Thamra Akson Sat, et aussi par Tiane KEO LA, Phaya Mun Louk Thao.

La bibliothèque a été installée au Palais, à l'abri des vols et des incendies. Elle comprend 1.173 volumes écrits sur feuilles de latanier, et tous complets, à part quelques exceptions qui sont mentionnées.

Luang-Prabang, le 24 janvier 1918.

M. MEILLIER,

Administrateur des Services Civils,
Membre Correspondant de l'Ecole française d'Extrême-Orient.

A

563. Abhidhamma(Ganthi)(pali)[13].
902.   —   (Soṅ ṭīkā).
890.   —   (Yot).
271.   —   cet kampi.
891.   —   rom.
659.   —   saṅkinī (14).
423. Adhittaraja.
   (Paṇṇāsajātaka n° 43).
480. Ai chet hai. ✓
423. Ajita.
   (Paṇṇāsajātaka n° 39).
22. Ākāravattasutta.
159. Ākhyāta (pali).
546.   —   (sap) (4).
216. Akkharasab.
683. Alintum.
929. Aliyavatthu.
648. Amisathan (Soṅ).
373. Anāgatavaṅsa.
801. Anantasaṅyuttasut.
252. Aṅkuttaranikāya (pali). II (15).
931. Anacakka dhammacakka.
1007. Anisoṅ hɯa fai.
739. Aṅisoṅ rom.
930.   —   sin.
928.   —   vinaya.
887. Anon nipan (Mahā).
804. Anon tham Pra cao.
609.   —   (pali).
938. Antalathanasut.
178. Anuloma (8).
203.   —   duka-tika-patthāna
   (pali).

953. Anuloma katsasana.
568. Anuṭīkā Bukala (pali).
588.   —   dhammasaṅkinī (12).
932. Apama tham.
423. Arindama.
   (Paṇṇāsajātaka n° 41).
419. Aritthakumāra.
   (Paṇṇāsajātakā n° 12).
291. Arunavatī (Sutta).
916. Asivisut.
1068. Athila upasok tham banha
   sappayu cao.
699. Atthakathā Khuttaka Nikāya
   (pali). II (13).
619. Atthakathā puttha vipana (pali).
553.   —   Puggalapaññatti (pali)
   (4).
558. Atthakathā   —   (Yojanā)
   (pali).
264. Atthakathā Vuttodaya(Kāvyasā-
   ravilāsinī) (pali).
675. Atthakanipāta Aṅkuttaranikāya
   (pali) (11).
595. Aṭṭha Mahāvagga (pali) (10).
382. Aṭṭṭha Pacitti (pali) (11).
628. Aṭṭha Palivan (pali) (7).
82. Aṭṭha Patthāna (pali) (11).
590-255. Aṭṭhasālinī (pali). (Dern.
   vol.) (12).
602. Aṭṭhasālinī (Yot) (pali) (7).
623. Atthavikahasanti (pali) (11).
1157. Atulabanakan.

B

190. Balasaṅkhyā.
1005. Baṅsut satta.
833.   —   son.

744. Banha rājasutta.
   (Dern. feuilles mq.).
791. Banha tevada (pali).

C

D

E

G

466. Gavampatisut (3).
482. Godakumāra.

89. Govindasutta.

H

416-424. Ha sip xat. *Voir*: Paṇṇā-
sajātakam.
1187. Hattana Pra cao loñ then.
88. Himmapan (lam pa).
714. Hin caluk.
38. Ho (Tamnan).

1027. Ho (Niyay vatthu).
551. Hoi pan kam.
686. Hom puroñ.
92. Hoñ pha kam (6).
1028. Hoñ soñ kho. 2 ex.
292. Hua lan bɯa het.

I

1160. Innao.
1021. Intanin.
87. Isigilisutta (Khili isi) (pali).

805. Isisiñga.
809. Itipiso.
1081. Itipiso pavataso (pali).

J

210. Jambūpati (5).

JĀTAKA (Ha roi xat).

243-246. Ekanipāta. I (8), II (11),
III (18), IV (9).
244. Ekanipāta. II (15). (Mq. 17 f.
fasc. 1).
663. Duka. IV (16). (Mq. fsc. 5, 14
et 16).
700. Duka. IX (16). (Mq. fsc. 15 et
16).
284. Duka (10).
645-646. Tika. I (10), II (7).
251. Catukka. I (10).
453. Pañca. (10).
381. Satta. 2 ex. (8) et (10).
28. Dasa. 2 ex. (10 et 7).

633. Dvādasa (11).
266. Pakinnaka (11).
661-662. Vīsati. I (10), II (10), II (11).
570. Tiṃsa. 2 ex. (15 et 12).
917. Cattalīsa. (8).
671. Paṇṇāsa. (8).
536. Satthi. II (10).
536. Mahānipāta. Mq.
(*Un abrégé sous le titre de* Sip
Xat rom, n° 36).

Jātaka (Hat sip xat). *Voir* :
Paṇṇāsajātaka.
Jaya. *Voir* : Sai.
421. Jetthakumara.
(Paṇṇāsajātaka n° 31).

585. Jinālaṅkāra.

K

L

M

1051. Ma noi sadok.
532. Ma yay.
412. Ma yuy (naṅsư). 2 ex.
995. Macaliya.
678. Madhurasa jambu (15).
293. Madhurasālaṅkāra (16).
182. 419. Magga mānava.
(Paṇṇāsajātaka n° 13.)
889. Mabā Anon nipan.
124. Mahā Kassapa nipan.
1097. Mahā Kundala.
112. Mahā Upagutta luoṅ (14).
423. Mahābala.
(Paṇṇāsajātaka n° 35.)
370. Mahāmāyā (Si) (5).
693. Mahamokkala (2).
41. Mahāmokkala pai du narok.
390. Mahānāma.
863. — banha (10).
951. — tham banha.
183. Mahāpadāna (pali).
993. Mahāpadānasut.
677. Mahāpadāna Dīghanikāya. I (16).
826. Mahāsai (pali).
869. Mahāsalibut nipan (2).
967. Mahāsamaya sut.
1050. Mahāsanti.
1060. Mahat rom.
651–652. Mahāvagga (pali). I (12),
II (10).
640. Mahāvagga (pali kanthi) (10).
(Mq. fsc. 5.)
73. Mahāvagga (pali ṭīkā) (11)
250. — (sap) (13).
615. — (Yojanā) (pali) (5).
515. Mahāvamsa Laṅka (9).
299 Mahāvipāka luoṅ (15).
521. — pet.
877. — (soṅ).
304. Mahavoṅ Naṅ Ten on (10).

731. Mahaxanok (4).
465. Mahaxat rom.
420. Mahissa
(Paṇṇāsajātaka n° 22.)
64. Mahòsot. I (14), II (10).
944. Mai si liem.
793. Mai si liem (pali).
1055. Makhayo.
354. Malai (Pra hoṅsa).
26. Malai Mưn.
889. — pot lok.
104. — Pothisat.
79. — Sen.
886. — tham phet.
879. — yem phet.
40. Mālikā.
1052. Mālison (2).
39. Manava pai kun sin (Niyay).
208. Maṇḍūkapakaraṇa (3).
650. Maṅgala cakkavan.
361–362. Maṅgaladīpanī. I (9), II
(10).
72. Maṅgala kưa.
175. Maṅgalasikkha.
19. 318. Maṅgalasutta.
1112. — (6).
888. Manovat.
1090. Mantasut (sap).
578. Mathurot Xumpu (15).
758 Mātika (4) (Fsc. 1 mq.).
129–131. Matsimanikai. I (10), II
(10), III (10).
1054 Mattasalilasut.
1056. Maṭṭu katha.
1002. — raxa kamson.
834. — — katha.
1041. — — vāhini (8).
369. — — — sadok.
579. Me tai cak luk (Niyay).
470. Meo kam.

378. Metteyasutta (3).
316. Milindapañha (7).
693. Mokkala (Maha) (2).
690.   —   loñ lok (2).
868.   —   nipan.
41.   —   (Maha) pai du narok.
1152. —   son nak.
964.   —   tham pet.
730. Monaya (4).
1073. Mu thuen.
626. Mukhamatta tipani tatthita(pali).
608.   —   — tīkā (pali) (4).
621.   —   — tīpani tīkā ak-
       khayat (pali) (3).

612. Mukhamatta tipani tīkā samāsa
       (pali) (2).
620. Mukhamatta tipani tīkā unatti(2).
871. Mulla cetiya pa nipan (5).
996.   —   kammathan.
368.   —   Nibbānasutta.
1053. —   tīkā nammakon Pra cao.
874. Mullakurt.
994. Mullalok.
68. Mullatantai (10).
965. Musikasadok.
569. Muttaka vinaya vinicchaya Vi-
       naya sankaha (tīkā pali) (8).

N

274. Nāgasena (8).
1062. —   (katha).
1070. Nakkalasopeni (Niyay).
688. Nakkhattaruk (2).
97. Nakon (sap).
788.   —   (pe).
625. Nam (pali) (2).
67.   —   (sap) (10).
556.   —   sap kathāvatthu (8).
710. Namavagga (pali).
722. Namo (tīkā).
905. Nañ kinnalinala.
609.   —   Kitsakanami (pali).
1120. —   Kitsakotami (vatthu).
949.   —   Khosop.
985.   —   Matti ur luk.
609.   —   Pattibusika (pali).
402.   —   Phom hom (4).
133.   —   Subhaddā (Nitan).
882.   —   Tantai (Vatthu).
729.   —   Teñ On.
706.   —   tevada tham banha (2).
       (Fsc. 1 mq.).
171.   —   Uppalādevī (Vatthu).
329.   —   Utta (Niyay).

214. Nañ Visakha (15).
331. Nandakumāra (2).
199. Nandapakaraṇa (2).
321. Nandasena (2).
298. Nandikā (5).
1143. Nañsur bok tua akkhala hai thuk.
290.   —   kē ko.
1171. —   nok cok fa.
58.   —   tamla ya (2).
741. Nanta Utsuparat.
1085. Nantika.
1170. Naphak kai kadon (12).
276. Naradabrahma. 2 ex. (3) et (5).
526. Narajiva (4).
421. Narajivakumman.
       (Paṇṇāsajātaka n° 27).
424. Naraka.
       (Paṇṇāsajā aka n° 49).
708. Narasīha Pra gāthā.
422. Narattharat.
       (Paṇṇāsajātaka n° 33).
616. Nava tīkā sattaphetacinta (3).
219. Nemirāja (6).
459. Nibbānasutta (10).

O

P

460. Patimokkha (sap) (4).
1009. Patisankayo (sap).
577. Patuma fɯoṅ mo.
308. — mukha bua hom.
1123. Paya In (katha).
712. — (pɯn).
434. — (sɯp xua).
476. — (supa akson).
111. — (tamnan). 2 ex.
1057. — (tamnan laṅkham).
911. — hai muei dao tok.
1034. — hai pavanna (katha).
282. — krao kham tham katay
        (Tamnan).
912. — liep lok.
963. — su lok.
397. 909. Paya In tham banha.
910. — tham ha me.
898. Paya Patsen fan.
795. Paya Pommathat rien sattasin
        (pali).
259. Paya san taṅ tua (pali ṭīkā).
1155. Paya Sulupalat.
357. Paya Sunnantarat.
410. Paya Tham (kap). 2 ex.
759. — (vatthu).
1125. Paya Yommalat.
355. Pèt Mɯn (5).
353. — (soṅ).
525. — (rom).
445. Petavatthu (pali) (16).
872. Phahiyaten nipan.
899. Phahuphantu.
1135. Pha Kasop cot Anon.
1098. Phava taṅ sam (2).
850. Phavahila nitan (8).
852. Phavavilatti (3).
794. — (pali).
319. Phayarat (8). 2 ex.
679. Phommaxala sut (10).
54. Phommathat (Brahmatat).
742. — assavat hua cai.
117. Phuritat (6).

297. Pimpa kai nun.
367. — pilat.
475. — ram rai.
16. — theli (lam) (6).
217. Pisapakon (3).
435. Piṭaka (5).
950. — rom.
518. — taṅ sam (3).
997. Pitakamala.
347. Poka mieṅ.
478. Poka xapao (Kovintasut).
1103. Polanasaṅkhika (9).
748. Pommakuman.
343. Poṅsavadan Luang-Prabang.
344. —
275. Posala panha.
580. Pra atit (Nitan).
440. Pra bat Raṅruṅ.
707. Pra cao (Nisay).
654. — (Niyay).
501. — (soṅ pha bin).
502. — (soṅ phok).
765. — (soṅ ten).
1020. — dun pai pothisat.
486. — liep lok (13).
1107. — loṅ then (hatthana).
468. — sip Pra Oṅ.
1080. — saṅ Anon.
1105. — son nai pan (kap).
29. — son Pra oṅ (tamman).
1079. — son Pra oṅ thamnuei vai.
831. Pra cao then nam nom me.
424. Praya ma.
        (Paṇṇāsajātaka nº 50).
259. Praya san tan ton.
211. Prayojana pada vinaya (10).
        Puggalapaññatti. Voir : Bukala.
186. Pɯn mɯoṅ Kun.
896. Pɯn mɯoṅ Saifoṅ.
132. Pɯn Pra Baṅ.
125. Pɯn Pra keo.
75. Pɯn Pra Si An.
352. Pɯn tao kam ta dam.

R

S

893. Setthi khaniñ *kuam* *tuk*.

1132. Setthi mien (ni*t*an).

164. Setthi soñ pua mia pen pet.

429. Setthi *t*añ ha (6).

1058. Setthi *t*añ kao .

225. Sieu savat (10).

933. Sīlakandha.

632. Sīlakandhavagga (9). (Fsc. 8 mq)

248-249. Sīlakandhavagga Dīghani-kāya. II (10), III (10).

696-698. Id. (pali). I (8), II (10), IV (9). (Mq. fsc. 7 et 10).

596. Id. id. (13). (Mq. fsc 4 et 5).

922. Silinan (3).

999. Silivipurakittisadok.

1127. Sim*p*alithen.

701. Siṅgala (4).

294. Siṅgalasutta. 2 ex.

761. Singalovādasutta.

53. Siṅguttara.

1038. Siṅhamat (2).

314. Siṅhapakon (10).

191. Sinxai (10).

302. Sinxayarat (17).

36. Sip xat rom (2). *Voir* : Jātaka.

424. Siri Cundhamani. (Paṇṇāsajātaka n° 48).

423. Siridhara. (Paṇṇāsajātaka n° 38).

547. Sirisa (4).

417. Sirisa kumman. (Paṇṇāsajātaka n° 4).

738. Si Suton.

1022. — (samat).

108. Sit*th*isan.

421. Sitthisan kumman. (Paṇṇāsajātaka n° 28).

523. Siuha lin *k*am (5).

134. Sodokasetthi (4).

417. Somphamit. (Paṇṇāsajātaka n° 5)

766. Son (pali).

67. — (sap) (5).

824. Soñ attha.

496. — atthapalikkhan.

493. — bañsakun.

823. — bañ fai.

51. — Buddharūpa.

505. — buot.

941. — buot cua.

50. — cettiya xay.

496. — chom kom.

15. — dok mai.

813. — fai.

492. — fai fɯn tan.

499. — fai hai than.

497. — fañ tham.

489. — hai tan pha.

490. — hai tan pha ab nam.

488. — hao *t*ien.

494. — hip.

496. 509. Soñ ho koñ.

488. Soñ hom.

504. — hom settasat.

491. — hot.

812. — kaduk.

760. — *k*ai dok mai.

763. — kam*p*eñ.

961. — *k*am*p*i.

486. — kan *t*in.

942. — khandai kev.

12. — khantay.

102. — khao bindibat.

1077. — khao ci.

166. — khao *P*an *k*on.

86. — khao padap din.

504. — khao kam.

109. — khao salak.

96. — khao san.

481. 506. Soñ khao saṅkhap*h*at.

507. Soñ khao tom.

903. — khiñ kam.

732. — kho*t* sin.

101. 497. 503. Soñ khua.

948. Soṅ khưoṅ sep *tan* lai.
345. — kutti vihan.
503. 510. Soṅ luk xai *tan* ha me.
733. Soṅ luk xai *tan* ha *po.*
877. — Mahāvipāka.
23. 492. Soṅ Mahāvessantara.
841. Soṅ mak beṅ.
878. — meṅ uppo.
814. — nam.
495. — nam saṅ.
815. — naṅsư.
728. — ok vassa.
510. — *pa* sai.
946. — paññā-pāramī.
95. — parivāsakamma.
491. — pasat.
498. — *pa*tip.
764. — peṅ taṅ.
353. — pềt mưn.
1086. — pha baṅsakun.
501. — pha biṅ Pra cao.
762. — pha busot.
1001. — pha dok *kaṃ.*
1071. — pha kanthin.
1083. — pha kaṅ.
57. — pha nam ton.
943. — pham.
1134. — phavanna.
504. — pidan.
392. — pitaka.
502. — phok *Pra* cao.
201. — *pô*si.
926. — potsat.
27. — prasat phơṅ.
497. — raksa sin.
33. — sahai raksa sin.
508. — sala.
947. — saṅkhat Dhatu Phanom.
405. — sankhan.
386. 543. Soṅ saṅrom that.
572. Soṅ sappa *tan.*
43. — sappa thuṅ.
502. — sep *koṅ* koṅ.

500. Soṅ sia ya.
499. — soṅ *t*hatu.
940. — suam ap.
765. — *t*en *Pra* cao.
504. — *t*hammat.
1003. — *t*hatu.
495. — thuṅ.
76. — thuṅ fay.
481. - thuṅ haṅ.
169. 507. Soṅ thuṅ lek.
487. Soṅ thuṅ phưṅ.
94. — — xay.
902. — ṭīkā abhidhamma.
832. — ton dok mai.
689. — tua *pu*ṅ.
875. — tup kam.
502. — umoṅ.
508. — Vessantara.
499. 830. Soṅ vit.
952. Soṅ yot ya.
419. Sonandha.
    (Paṇṇāsajātaka n° 15).
1045. Sonan*t*a kuman.
419. Sorassa.
    (Paṇṇāsajātaka n° 16).
702. So*t*anda (6).
594. Sota*pp*amālinī (pali) (5).
865. Sotaxaki (5).
126. Subhāsita.
44. Subodhālaṅkāra (2).
281. Subrahmamokkha. 2 ex. (7) et
    (10).
115. Subunna (2).
920. Sujāvaṇṇa (11).
212. Sujāvannacakka (7).
581. Sukho (Niyay).
360. Sukho *put*tha.
919. Sumana setthi (4).
81. Sunandarāja.
921. Sunandarā therī (4).
1080. Sunan*t*asadok.
772. Suññasut.
206. Sun*t*arat.

434. Surp xua *Paya* In.
476. Sup*h*a akson *Paya* In.
1075. Sup*h*asit *tham*.
1015. Sup*h*o*k*a setthi.
607. Supô *Pra* Lanka (pali) (7).
613. Sup*oth*âlankâra (pali).
424. Surasena.
    (Pannâsajâtaka n° 47).

273. Surinda jambu (5).
289.   — kumara (2).
224. Surivon..
283 Surivon kai *son* (5).
638. Suriyavon hon amat (10).
424. Surûpa.
    (Pannâsajâtaka n° 44).

220. Susaka (pali).
61. Sut ban (pali).
667. — ban ton (pali).
176. — Iti pi *so* (pali).
116. — *k*am (pali).
907. — *k*ao.
1089. — *k*ili isi (sap).
118. 650. Sut mon dvek.
1032. Sut mon khan (pali).
913. — nam.
152. — Pòthisat (pali)·
120. — *t*ip*p*amon (pali).
422. Sutasoma (8).
    (Pannâsajâtaka nᵛ 34).

213. Sutasoma (lam) (8).

313. Su*l*hana (9).
416. Suthon.
    (Pannâsajâtaka n° 3).

734. Sutta sankaha.
604. Sutta ni*tt*esa kâraka (pali) (18).
605. Suttani*l*et satta*k*hayat (pali) (2).
610. Suttani*l*ct kitikappa.
735. Suttantapitaka.
270. 416. Su*tl*hanu (3)·
    (Pannâsajâtaka n° 2).

534. Suvanna hen *k*am (samat)..
278.   — hoi san (6)
202.   — *k*ankak (5)
575.   — tao *k*am,
1024.   — ten *k*iau (4),
143. Suvannabrahma (4).
538.   — *k*am (2).
444. Suvannacakka (pali) (10).
340. 419. Suvannamegha (5).
    (Pannâsajâtaka n° 8).

573. Suvannamukha kuman (8) (Fsc.
    1 et 5 mq.).
149. Suvannamusika pha poi.
516. Suvannasadok.
221. Suvannasâma (6).
407. 417. Suvannasankha (6).
    (Pannâsajâtaka n° 6).

1046. Suvannasataka.
346. Suvat.
1138. Suyasut.

T

892. Tamnan (cet).
849.   — cao fa samin *k*am.
1147.   — cao ton bun.
42.   — dao *k*uan.
956.   — doi tao.
1017.   — doi *t*un.
335.   — ha *p*an vassa.

1065. Tamnan hin len.
38.   — ho.
1108.   — *k*on kuct.
955.   — *K*ulu tham.
1057.   — lankham *Paya* In.
992.   — mai sali.
960.   — mu*l*uta thevada.

U

1069. Ua *kiem*.
60. Uddhābhiseka.
636. Uluṅka*tat* (6).
371. Uṇhassavijaya.
527. Unnat (pali).
540. — (sap).
441. Upagutta (pali) (16).
112. — luoṅ (Mahā) (14).
189. Uposathakhandha.

713. Uppasombot.
403. Uppāta (pali).
535. Uppatacanti.
901. Uppa*tet*.
703. Uppa*tet* klao duei nam (pali).
363-365. Usabarot. I (10). II (9), III (7).
1000. U*tt*ala.
991. U*tt*en (11).

V

650. Vai Pra Cao sip pra oṅ.
207. Vāmadantadhātu (4).
432. Vannapravet.
797. — — (pa *katha*) (pali).
413. Vanna *Pam* (Thao). ✓
1166. — — (4).
751. Vassakhandha (pali) (2).
750. Vassupanayika.
777. Vatthu an dai hai khao sao met pet tan.
982. Vatthu hai sin.
433. — hin tek.
1027. — ho (Niyay).
1129. — hu nuek.
821. — khao thip *kun kuan*.
980. — kiṅ nieu.
979. — kundali.
1154. — luk ñua le luk sɯa.
163. — luk *Prahm*.
983. — mavusaxata.
1120. — naṅ *Kit*sakotami.
882. — naṅ Tantai.
171. — naṅ Uppalādevī.
883. — Ni*t*an nap mɯ svei. ✓
827. — Nok *kao*.
52. — nu phɯcek.
835. — ñua nonthap.

721. Vatthu *pam*.
759. — Paya Tham.
885. — *pet*.
981. — *pet* soṅ *pua* mia le luk.
828. — raxisiṅ.
1121. — sai *tuk* hai *kai* tua.
977. — sai *tukkhattha* faṅ kam po.
160. — samanera.
819. — setthi hai ha luk.
884. — siṅgalabut.
1130. — sip pakan.
1059. — soṅ *pua* mia ma *tuk* hai.
976. — taṅ kuli.
775. — tevada.
776. — — ke banha.
978. — — liep lok.
820. — Vesali.
774. — xai sumpuka.
597. Vaxirabodhi. Samantapāsādikā (pali) (16).
627. Vaxirabodhi. ṭīkā (pali). Dern. vol (12).
589. Vaxirabodhi, ṭīkā Mahāvagga (pali) (12).
188. Vematisamanta (pali). Dern. vol. (9).

X

Y

LISTE NUMÉRIQUE

82. Aṭṭhapaṭṭhāna (pali)
83. Saṅ rom *that*.
84. Lem luoṅ.
85. Satipaṭṭhāna (pali).
86. Soṅ khao padap din.
87. Isigili sutta (pali).
88. Himma*pa*n (lam pa).
89. Govindasutta.
90. Dhammaratanasutta.
91. Devaduma.
92. Hoṅ pha *kam*.
93. Lokāvacāra sutta.
94. Soṅ thuṅ xay.
95. Soṅ parivāsakamma.
96. Soṅ khao san.
97. Na*ko*n (sap).
98. Ca san fa uilapan.
99. Devadūtasutta.
100. Xayasaṅ*ka*ha (pali).
101. Soṅ khua.
102. Soṅ khao bindibat.
103. Khi thai kơt pen *kam*.
104. Malai pothisat.
105. Latsasiṅ *kam*.
106-107. Pācittiya (pali).
108. Si*tth*isan.
109. Soṅ khao salak.
110. Nu *kam*.
111. Tamnan *P*raya In.
112. Maha Upagutta luoṅ.
113. Tua savơy manut.
114. Lokādhidhamma.
115. Subunnanak.
116. Sut kam (pali).
117. *P*huritat.
118. Sut mon dưk.
119. Yat nam buot.
120. Sut tippamon (pali).
121. Cetanabheda.
122. Khun Bolom.
123. Sam poṅ sam kiu.
124. Maha Kassapa nirvana.
125. *P*ưu *P*ra Kèo.

126. Su*ph*āsit.
127. Kotmai lao.
128. Nua noi.
129-131. Matsimanikai (Majjhimani-kāya).
132. *P*ưn *P*ra Baṅ.
133. Naṅ Subaddhā (Ni*t*an).
134. Sodokasetthi.
135-142. Trailokavinicchayakathā.
143. Suvannabrahma.
144. San*t*avutti (pali).
145. Sa*tt*avutti (ṭīkā) (pali).
146. Yojanā Vuttodaya (pali).
147. Ṭīkā Saddavutti-vitthāra (pali).
148. Saddavisesanam rom (pali).
149. Suvannamūsika pha phoi.
150. Cittasâli.
151. Ta*tư*k.
152. Sut Pòthisat (pali).
153. Brahmacanda.
154-155. Vijayabanha.
156. Nok yuṅ *kam* (Niyay).
157. Kulu tham *kam*son.
158. Yot *kam* son.
159. Ākhyāta (pali).
160. Samanera (Vatthu).
161. Raxasut.
162. Saddavidhānalakkhana (pali).
163. Luk Prahm (Vatthu).
164. Setthi soṅ pua mia pen pet.
165. Pātimokkha (pali).
166. Soṅ khao *Pa*n kon.
167. Yot Taipidok.
168. Sapao lon ta.
169. Soṅ thuṅ lek.
170. That Xakuṅ That Kuṅ.
171. Naṅ Uppalādevī (Vatthu).
172. Kesadhātu.
173. Koṅ din mưoṅ Puon.
174. Rưk (ṭīkā) (pali).
175. Maṅgalasikkha.
176. Sut iti pi so (pali).
177. Saṅkat ha pra oṅ.

178. Anuloma.
179. Sasemira.
180. Dhammapada (Gāthā) (pali).
181. Paññābala.
182. Magga mānava.
183. Mahāpaṭṭhāna (pali).
184. Yojanā uddhaka (pali).
185. Ka phuok (lam).
186. Pưn mưoñ Kuñ.
187. Samat soñsan.
188. Vemati Samanta (pali).
189. Uposathakhandha.
190. *Palasañkhya.*
191. Sinxai.
192. Temiyakumāra.
193. Vinayavinicchaya (pali ṭīkā).
194-196. Campa si ton.
197. Saddavacakalakkhana (pali).
198. Saddavutti pakāsaka (pali ṭīkā).
199. Nandapakarana.
200. Sakunapakarana.
201. Soñ pô si.
202. Suvanna *kan*kak.
203. Anuloma duka-tikā-patthāna (pali).
204. Saddavidhāna (pali ṭīkā).
205. Lokasanthāna jotanagandhi (pali).
206. Suntarat.
207. Vāmadantadhātu.
208. Maṇḍūkapakarana.
209. Yojanā Dhātukathā (pali).
210. Jambupati.
211. Yojanā pa*tha* vinaya (pali).
212. Sujavannacakka.
213. Sutasoma (lam).
214. Nañ Visākhā.
215. Kuañ *kam* sat thuan kao.
216. Akkhara (sab).
217. Pisapakon.
218. Kap lan son pun.
219. Nemirāja.
220. Susaka (Jūjaka) (pali).
221. Suvannasāma.

222. Niyāsakāraka (Nisay).
223. Pabbajjākhandha.
224. Surivoñ.
225. Sieu savat.
226-242. Dhammapada-aṭṭhakathā.
243-246. Ekanipāta.
247-249. Dīghanikāya.
250. Mahāvagga (sap).
251. Catukkanibat.
252. Añ*k*uttaranikāya (pali).
253. Kalaket.
254. Pāramī dīpanī.
255. Atthasālinī (pali).
256. Sañghapakaraṇa.
257. Saddanīta (Mahā) (pali).
258. Līnatthapakāsana (pali).
259. *Paya san tañ tua* (pali ṭīkā).
260. Vuttivyākhyā (pali).
261. Dhātvāhāra (pali).
262. Kaccāyana san (pali ṭīkā).
263. Ratanamālā (pali).
264. Kavyasāravilāsinī, aṭṭhakathā Vuttodaya (pali).
265. Vuttodaya (Aṭṭhakathā) (pali).
266. Pakinnakanipāta.
267. Lam *T*utiyavoñsamālinī.
268. Vohan *t*esana.
269. Kavikanthābhārana ṭīkā Vuttodaya (pali).
270. Su*lt*hanu.
271. Abhidhamma cêt *k*ampi.
272. Señ Mưoñ (pali).
273. Surinda Jambu.
274. Nāgasena.
275. Posala panha.
276. Naradabrahma.
277. *Tao kam* son.
278. Suvanna hoi sañ.
279. Vīriyapaṇḍita.
280. Visuddhimagga.
281. Subrahmamokkha.
282. Tamnan Paya In krao kham tham katay.

283. Surivoṅ kai soṅ.
284. Dukanipāta.
285. Culla-Vibhaṅga.
286. Niyay lai ñu.*
287. Xiuha lin *kam*.
288. Xanasan*la*.
289. Surinda kumāra.
290. Naṅsư kè *ko*.
291. Aruṇavatī (sutta).
292. Hua lan bưa het.
293. Madhurasālaṅkāra.
294. Siṅgalasutta.
295. Bua hom.
296. Saṅ *koṅ*.
297. *Pimpa* kai nun.
298. Nandika.
299. Mahavipāka luoṅ.
300. Ṅua khao *toṅ*.
301. Kayatthabat.
302. Sinxayarat.
303. Vessantara nok *kao*.
304. Mahāvoṅ naṅ teṅ on.
305. Cakka khua *kam*.
306. Tom*kam*
307. Saṅsāravattaxādok.
308. *Paṭumma* mukha bua hom.
309. Tamnan *Pra* cao la kheṅ.
310. Xan *poṅ*.
311. Devaduma bua hom.
312. Buddhanidāna.
313. Su*th*ana.
314. Siṅhapakaraṇa.
315. Bhūridatta.
316. Milindapanha.
317. Samaññaphalasutta.
318. Rattanasutta, Samaya, Maṅgalasutta, Samicitta, Parābhava,
   Lāhukho.
319. *Ph*ayarat.
320. Olaphim.
321. Nandasena.
322. Samuddaghosa.
323. Katthanam.

324. Kampa ñua toṅ.
325. Dhutaṅgavatthu.
326. *T*ukkhattiya.
327. Tamnan that doi thuṅ mưoṅ Xieṅ
   Sen.
328. Sarakavijāsutta.
329. Naṅ U*tta* (Niyay).
330. Seṅ *Pi*.
331. Nandakumāra.
332. Xai luaṅ (sap).
333. *K*atha kap (pali).
334. Roi khot phuk.
335. Tamnan ha pan vassa.
336. Can*ta*samut.
337. Tamnan that mondontao.
338. Lokavuḍḍhi.
339. Dhammaratanaraṅsi.
340. Suvannamegha.
341. *P*allababphot.
342. *T*asat rom.
343. Poṅsavadan Luang-Prabang.
344.   id.
345. Soṅ kutti vihan.
346. Suvat.
347. Poka mieṅ.
348-350. Dhammacakka (ṭīkā).
351. Rājasavani.
352. Pưn *ta*o kam ta dam.
353. Soṅ pèt mưn.
354. Malai hoṅsa (Pra).
355. Pèt mưn.
356. Saṅkhan (naṅsư).
357. Paya Sunnantarat.
358. Parābhavasutta (pali).
359. Paduma kumāra.
360. Sukho *puṭ*ha.
361-362. Maṅgaladīpanī.
363-365. Usabarot.
366. Ni*tan* *Pra* cao.
367. *Pimpa* pi*l*at.
368. Mulla Nibbānasutta
369. Ma*tth*urasavāhini sadok.
370. Mahāmāyā (Si).

371. Unhassavijaya.
372. Sap kuman.
373. Anāgatavaṃsa.
374. Yiṅ dukkata phua mia.
375-376. Pañaxat.
377. Pācittiya (pali).
378. Metteyasutta.
379. Oṅkan *pa* cao Vipasi fa.
380. Ca hai *tan* ha luk.
381. Sattanibat.
382. Atthapācitti (pali).
383. Candaghāta.
384. Pɯn that.
385. Lokavinaya.
386. Soṅ saṅrom that.
387. Cundasūkarikasutta *ou* Yot *tham* (pali).
388. Nitan *that* phanom.
389. Paññā pāramī *panxan.*
390. Mahānāma.
391. Saddasaṅgaha (pali).
392. Soṅ pittaka.
393. Vohan yāni.
394. Kāraka (pali).
395. Thammada son lôk.
396. Tham *taṅ* kao hoṅ sén pha.
397. Praya In tham banha.
398. Nikāya.
399. Buddhamon (pali).
400. Candapajjota.
401. Kuaṅ *kam* (Niyay).
402. Naṅ Phom Hom.
403. Uppāta (pali).
404. Kai noi (Niyay).
405. Soṅ Saṅkhan.
406. Pāramī rom.
407. Suvannasaṅkha.
408. Thulakasetthi.
409. Kampa mai yip.
410. *Paya* tham (kap).
411. Ben Vɯ (Chɯṅ).
412. Ma yuy (naṅsɯ).
413. Vanna *pam* (thao).

414. Candaghāta.
415. Paññāpāramī luoṅ.
416-424. Ha sip xat (Paṇṇāsajātaka).
425. Sakkatidīpanī.
426. Saddhammo (pali).
427. *Kammanichan.*
428. Saka*pi*mat (pali).
429. Setthi *taṅ* ha.
430. Tamnan *Praya* tham.
431. Xaliphisek.
432. Vanapravet.
433. Vatthu Hin tek.
434. Sɯp xua Praya In.
435. Piṭaka.
436. Bodhipakkhiyā dhammā.
437. Sa*tt*avimala.
438. *Tippamon* (pali).
439. Oṅ moṅ paññapāramī luoṅ (pali).
440. Pra bat Raṅruṅ.
441. Upagutta (pali).
442-443. Sabbapāramī (pali).
444. Suvannacakka (pali).
445. Petavatthu (pali).
446. Can*ta*panit.
447. Buddhaguṇa luoṅ.
448. Dhammapāramī.
449. Tilakkhaṇasutta.
450. Buddhavaṃsa (pali).
451. Lokadīpaka (pali).
452. *Tham* sam tai.
453. Pañcakanipāta.
454. Vibhaṅgapakaraṇa (pali).
455. Sangāyanā.
456. Tippamon.
457-458. Therīgāthā.
459. Nibbānasutta.
460. Pātimokkha (sap).
461-464. Lokanai.
465. Mahaxat rom.
466. Gavampatisut.
467. Om lom tom *kam.*
468. Pra cao sip Pra Oṅ.
469. *Puttha*phisek.

470. Meo *kam*.
471. Santipathan (pali).
472. Vinai rom.
473. Sabbasiddhikumāra.
474. Cundasūkarikasutta (pali).
475. *Pimpa* ram rai.
476. Su*pha* akson Praya In.
477. Paññāpāla.
478. *Po ka* xapao (*Kovinlasut*).
479. Vohan bơk *pa* net.
480. Ai chet hai.
481. Soṅ thuṅ haṅ ; — Soṅ khao san-
    khapat.
482. Gonakumāra.
483. *Katha* setthi.
484. Kāyanagara.
485. Candasuriyakumāra.
486. Soṅ kan thin.
487. — thuṅ *pưṅ*.
488. — hao *tien* ; — Soṅ hom.
489. — hai tan pha.
490. — hai tan pha ap nam.
491. — hot ; — Soṅ *Pasat*.
492. — faifun ; — Soṅ Mahavessan-
    tara.
493. — baṅsakun.
494. — hip.
495. — nam saṅ ; — Soṅ thuṅ.
496. — chom kom ; — Soṅ atthapa-
    rikkhan ; — Soṅ ho koṅ.
497. — khua; — Soṅ faṅ tham; — Soṅ
    raksa sin.
498. — *patip*.
499. — son *thatu* ; — Soṅ fai hai than;
    — Soṅ khao ci.
500. — sia ya.
501. — pha biṅ *Pra* cao.
502. — *pok Pra* cao; — Soṅ sep *koṅ*;
    — Soṅ umoṅ.
503. — luk sai *tan* ha me;—Soṅ khua.
504. — hom settasat; — Soṅ pidan; —
    Soṅ Thammat;—Soṅ khao
    kam.

505. Soṅ buot.
506. — khao saṇkhapat.
507. — khao tom ; — Soṅ thuṅ lek.
508. — *pidan*, — Soṅ Vessantara, —
    Soṅ sala.
509. — ho koṅ.
510. — *pa* sai ; — Soṅ luk *tan* ha mè.
511. Vematti Mahavagga (pali).
512. Pathama saṅgāyanā.
513. Vitthi *tap* bulan.
514. Kesa*thatu* Kuṅ .(Pra).
515. Mahāvaṃsa Laṅka.
516. Suvannasadok.
517. Tamnan Pra kesa *thatu* Takoṅ.
518. Pitaka taṅ sam.
519. Saman (sap).
520. Sala sut.
521. Mahāvipāka *pet*.
522. *Kadi* lok.
523. Siuha lin *kam*.
524. *Tantathat*.
525. Pèt mưn rom.
526. Narajīva.
527. Unnat (pali).
528. Niyay lao.
529. Kammavācā (Nisay sap).
530. Puññakalyāṇagaṇṭha (pali).
531. Pathama-kappa.
532. Ma yay.
533. Tamnan *Pra* Mettai.
534. Suvanna hen *kam* (Samat).
535. Uppātakhanti.
536. Satthinipata (Nisay).
537. *Tappatheranipan*.
538. Suvannabrahma *kam*.
539. Saṇkanipāta.
540. Unnat (sap).
541. Sap kiccavinai.
542-544. Parasikan.
545. Yojanā samantapāsādikā (pali).
546. Ākhyāta (sap).
547. Sirīsa.
548. Saṅkhittovat.

549. Pāramī khan*tha* *ta*savak*ka*(pali).
550. Kinnari (samat).
551. Hoi pan *kam*.
552. Pacitti (sap).
553. Atthakathā Puggalapaññatti(pali).
554. Yojanā Samo (pali).
555. Sāratthadīpanī *ṭīkā* Samanta (pali).
556. Kathāvatthu (nāma sap) (pali).
557. Viphaṅ (sap).
558. Yojanā atthakhathā Puggalapaññatti (pali).
559. Yojanā-saṅgaha (pali).
560. Vessantara (sap Mahā).
561. Bukala (pali) (= Puggalapaññatti).
562. Cullavagga (ṭīkā).
563. Abhidhamma (ganthi).
564. Yojanā Cullavagga.
565. Bukala (ṭīkā).
566. Sarūpasaṅgaha (pali).
567. Sampayogalakkhaṇa (pali).
568. Anuṭīkā Bukala (pali).
569. Muttaka-vinaya vinicchaya, Vinaya-saṅgaha (Ṭīkā pali).
570. Tiṃsanipāta.
571. Vixai banha nakon.
572. Soṅ sappa *tan*.
573. Suvannamukha kuman.
574. Tao *kam* pen pô*thi*sat.
575. Suvanna tao *kam*.
576. Sa*tta* pe son.
577. Pa*tumma* fuoṅ mo.
578. Tamnan voṅ ho.
579. Mei tai cak luk (Niyay) ; — Nok yuṅ *kam* (Niyay).
580. Pra A*tit* (Ni*tan*).
581. Sukho (Niyay).
582. Samaya (sap).
583. Vinayasaṅgaha (pali).
584. Dhātukathā (Nisay ṭīkā).
585. Citta*kanthitī*panī, aṭṭhakathā Sārasaṅgaha (pali).

586. Xinnalaṅkan (pali).
587. Sāratthadīpanī Samanta (pali).
588. Dhammasaṅgaṇi (Anuṭīkā (pali).
589. Vaxirabodhi, ṭīkā Mahāvagga.
590. Atthasālinī (pali).
591. Yovagga Tik*ha*nikai (pali).
592. Vematti vino*tani* ṭīkā Mahāvagga (pali).
593. Vematti vino*tani* ṭīkā Cullavagga (pali).
594. Sota*pp*amālinī (pali).
595. Attha Mahāvagga (pali).
596. Silakbandhavagga Tīk*ha*nikai (pali).
597. Vaxirabodhi Samantapāsādikā (pali).
598. Samanta (ṭīkā) (pali).
599. *Para*tan (pali).
600. Yavagga Tīk*ha*nikai (pali).
601. Yamaka pakarana (pali).
602. Atthasālinī (yot) (pali).
603. Yojanā Samanta (pali).
604. Suttani*ttesa* kāraka (pali).
605. Suttani*ttesa* Satta*khayat* (pali).
606. Nītipakarana (ṭīkā) (pali).
607. Su*pô* Pra Laṅka (pali).
608. Mukhamatta *tī*panī ṭīkā (pali).
609. Niyay mon ; — Sai *tuk* hai khai tua ; — Naṅ Patimusika ; — Naṅ Kitsakanami ; — Anon tham Pra cao (pali).
610. Suttani*ttesa* Kittikappa (pali).
611. Sa*ttaphetacinta* (pali ṭīkā).
612. Mukhamatta *tī*panī ṭīkā Samāsa (pali).
613. Subodhālaṅkāra (pali).
614. Vematti Pācittiya (pali).
615. Mahāvagga (yojanā) (pali).
616. Sa*ttaphet*acinta (Nava Ṭīkā) (pali).
617. Samāsa (pali).
618. Parivan (pali).
619. Aṭṭhakathā pu*ttha* vipana (pali).

620. Mukhamatta *tīpanī* ṭīkā Unati (pali).
621. Mukhamatta *tīpanī* ṭīkā akkhayat (pali).
622. Patthāna (pali).
623. Attha vi*kk*ahasanti (pali).
624. Sammohavino*ta*nī (pali).
625. Nam (pali).
626. Mukhamatta *tī*pani ta*tt*hita (pali).
627. Vaxirabodhi ṭīkā (pali).
628. Atthaparivan (pali).
629. Sakanipāta.
630. Vema*tt*ivino*ta*ni ṭīkā Parivan (pali).
631. Patiyavagga Dīghanikāya.
632 Sīlakandhakavagga.
633. Dvād*a*sanipāta.
634. Yojanā Parivan (pali).
635. *K*uyhattha - *tī*panī maka*ka*ntha-matana pa thuk*a*tana (pali).
636. Ulu*ṅk*athat; — Soñ sañrom *th*at.
637. Para*x*ikandu (pali).
638. Suriyavoñ hoñ amat.
639. Cullavagga (pali).
640. *K*an*th*i Mahāvagga (pali).
641. Kathāvattu (pali).
642. Sa*tt*a (pali).
643. San*th*i (pali).
644. Kundalani*pan*.
645-646. Tikanipāta.
647. Sattha (sap).
648. Amitsa*t*an (soñ).
649. Paccavekkhana sutta.
650. Sut mon dvek ; — Kesa son ; — Bodhipakkhiya tham ; — Sam sip cèt pāramī ; — K*on* cak kev ; — Maṅgala cakkavan ; — Lokanai ; — Sam sip soñ ; — Vai *P*ra cao sip pra oñ.
651-652. Mahāvagga (pali).
653. Dīgha Nikāya (Patiyavagga).
654. Pra cao (Niyay).
655. Dīgha Nikāya.

656-657. Khuddakanikāya (pali).
658. Vinayaviniccaya (pali)..
659. Abhidhamma saṅkiṇi.
660. Tamnan Noñ Sano.
661-662. Vīsatinipāta.
663. Dukanipāta (Nisay).
664-666. Khuddakanikāya.
667. Sut ban ton (pali).
668-670. Saṃyutta Nikāya.
671. Paṇṇāsanipāta.
672. Ṭīkā yo so.
673. Saddabheda nisay.
674. Ekanāma kim.
675. Atthakanipāta Aṅku*tt*aranikay (pali).
676. Vi*tt*hakamukhamandana (ṭīkā) (pali).
677. Mahāpadāna Dīgha Nikāya.
678. Ma*th*urot xum*p*u (Madhurasa Jambu).
679. Phommaxala sut (Brahmajāla-sutta).
680. Vivarana Mahā Vessantarajātaka (pali).
681. Kaṅkhavitaraṇī (pali).
682. *K*onasadok.
683. Alin*t*um (Arindama).
684 Thammasañvck.
685 Kali*t*hat.
686. Hom *p*uroñ.
687. Tamnan Phaya Thammikarat.
688. Nakkhattarurk.
689. Soñ tua puñ.
690. Mo*kk*ala loñ lok.
691. Buddhamon (pali) ; — Catuvik (pali) ; — Sayabeñ xon.
692. Saṅkat luoñ.
693. Mahamo*kk*ala.
694. *K*ulu *P*anda.
695. Catuvik (Nisay).
696-698. Sīlakandhavagga Dīgha Nikāya.
699. Atthakatha Khuddakanikāya (pali).

700. Dukanipāta (Nisay).
701. Siṅgala.
702. Sotanda.
703. Uppātet klao duei nam (pali).
704. Tatsavatthu.
705. Dhammataxa bandit.
706. Naṅ tevada tham banha.
707. Pra cao (Nisay).
708. Nolasiha pa katha ; — Yassappa (pe) (pali).
709. Thammapatti.
710. Namavagga (pali).
711. Kāyavirasi.
712. Paya In (pưn).
713. Uppasombot.
714. Hin calưk.
715. Catulalakha.
716. Vieṅ keo yot nilapan.
717. Vohan iti pi so tesana.
718. Vohan thammatesana.
719. Vibak Paya Vessantara.
720. Vessantara sakuna.
721. Vatthu Pham.
722. Namo (ṭīkā).
723. Khuttaka Nikāya.
724. Yot taipitaka.
725. Pưn thatu.
726. Puttha kun luoṅ.
727. Kalaivixa sut (Nisay).
728. Soṅ ok vassa.
729. Naṅ teṅ on.
730. Monaya.
731. Mahaxanok.
732. Soṅ khot sin.
733. Soṅ luk xai tan ha Po.
734. Sutta saṅkaha.
735. Suttantapitaka.
736. Santhi (sap) (pali).
737. Samaññaphala.
738. Si Suton.
739. Anisoṅ rom.
740. Thammatayata.
741. Nanta Utsuparat.
742. Phommathat assavat hua cai.
743. Nok noi (Niyay).
744. Banha rājasutta.
745. Tuetha munlakandhi.
746. Buddha bok pra nèk.
747. Buddha tham nai.
748. Pommakuman.
749. Cīvarakhandha.
750. Vassupanāyikā.
751. Vassakhandha.
752. Cammakhandha.
753. Samanerakhandha.
754. Senāsanakhandha.
755. Vinayakicca picarana.
756. Lokacakkhu.
757. Cīvarakhandhavinicchaya.
758. Mātikā.
759. Paya Tham (Vatthu).
760. Soṅ kai dok mai.
761. Siṅgalovādasutta.
762. Soṅ pha busot.
763. Soṅ kampeṅ.
764. Soṅ peṅ taṅ.
765. Soṅ ten Pra cao.
766. Son (pali).
767. Satthammo.
768. Saṅkaha (pali).
769. Sapao tam.
770. Xayasaṅkahakuman.
771. Saṅvekavatthu.
772. Suññasut.
773. Sacca tham taṅ si.
774. Vatthu xai xumpuka.
775. Vatthu tevada.
776. Vatthu tevada kè banha.
777. Vatthu an dai hai khao sao met pen tan.
778. Sangāyanā.
779. Vīriyapidok.
780. Yot nipan.
781. Yot tai.
782. Yot tai banha.
783. Pathama-mullamuli.

784. Pāramī kêo.
785. Patimat soṅ pakan.
786. Pāramī pan pet xan.
787. Paññā pāramī sam sip tat.
788. Nakon (pe).
789. Bappaxapinisay.
790. Bappa Aṅguttaranikay (pali).
791. Banha tevada (pali).
792. Dhatuviphaṅka (pali).
793. Mai si liem (pali).
794. Phavavilati (pali).
795. Paya Pommathat rien sattasin (pali).
796. Katha Xuxaka (pa) (pali).
797. Katha Vanapravet (pa) (pali).
798. Pan kok (pali).
799. Kilimananta.
800. Kilimanantasut.
801. Ananta Saṅyuttasut.
802. Tilakkanatan.
803. Tamotamasut.
804. Anon tham Pra cao.
805. Raksa sin ha ; — Nitan sin ; — Tassaharatan nisay.
806. Ton kamakun taṅ ha.
807. Khokace taṅ pet.
808. Saccatham taṅ si.
809. Iti pi so.
810. Bunnanakka kuman.
811. Bappaxāvinisai.
812. Soṅ kaduk.
813. — fai.
814. — nam.
815. — naṅsư.
816. Pimpa thelī (lam).
817. Santipathan.
818. Vohan (pali).
819. Vatthu setthi hai ha luk.
820. Vatthu Vesali.
821. Vatthu khao tip kun khan.
822. Tippamon setthi taṅ kao.
823. Soṅ baṅ fai.
824. — attha.

825. Dhammacakkapavattanasutta.
826. Mahaxai (pali).
827. Vatthu nok kao.
828. Vatthu Rassisiṅ.
829. Kam son Pra Puttha cao.
830. Soṅ vit.
831. Pra cao then nam nom me.
832. Soṅ ton dok mai.
833. Baṅsut son.
834. Matthurassa katha.
835. Vatthu ñua nontap.
836. Koṅ cam sin.
837. Kailava luoṅ.
838. Kesasaṅvek.
839. Kap khamson.
840. Katha catuvik (pali).
841. Soṅ mak beṅ.
842. Sakkabappa parichela.
843. Susaka katha cet sip kao.
844. Sai tet.
845. Puttha (sap).
846. Pra cao liep lok.
847. Culla sai.
848. Tamnan vat Pra kev don tao.
849. Tamnan cao fa samin kam.
850. Pavahiranitan.
851. Lam Parābhavasutta.
852. Phavavirati.
853. Vinayasaṅkaha.
854. Dhammapada (pali).
855. — (sap).
856. Buot nak (pali).
857. Buddhavaṃsa.
858. Sala mānava.
859. Sappa khamson.
860. Puttha saṅ sompon.
861. Kisomanussa (lam).
862. Tevatut taṅ ha.
863. Mahānāma banha.
864. Bualapanta (lam).
865. Sotassuki.
866. Kusala (lam).
867. Ka kin non.

868. Mo*kk*ala ni*p*an.
869. Mahasalibut ni*p*an.
870. *T*ukkhattha (Nisay).
871. Mulla cetiya *p*a ni*p*an.
872. *Ph*ahiyathen ni*p*an.
873. *K*am son.
874. Mullakut.
875. Soṅ tup kaṃ.
876. Sasut.
877. Soṅ mahāvipāka.
878. Soṅ meṅ uppo.
879. Malai yem phet.
880. Sañyuttabaṅha.
881. Tippaca*kk*u.
882. Vatthu Naṅ Tantai.
883. Vatthu ni*t*an nap mi suei.
884. — siṅgalabut.
885. — phet.
886. Malai *t*am phet.
887. Mahā Anon ni*p*an.
888. Manovat.
889. Malai *p*ot lok.
890. Abhidhamma (yot).
891. — rom.
892. Cet tamnan.
893. Setthi khaniṅ *k*uaṃ *t*uk.
894. *T*ao *t*uk ek.
895. *T*evada tham baṅha.
896. *P*ưn mương Saifoṅ.
897. Bodhisat (pali).
898. *P*aya Patsen fan.
899. *P*ahupan*th*u.
900. Puñakāni.
901. Uppā*t*et.
902. Soṅ ṭīkā Abhidhamma
903. Soṅ *k*iṅ kaṃ.
904. Xayasaṅvat
905. Naṅ Kinnalinạla.
906. *K*oṅ *P*a.
907. Tua phưṅ (Nisay) ; — Sut *k*ao.
908. Saddavacalakkhana (pali).
909. *P*aya In tham baṅha.
910. — In tham ha me.

911. — In hai nưei dao tok.
912. — In liep lok.
913. Sut Nam.
914. Kesa (sap).
915. Kesa.
916. Asivisut.
917. Cattalīsanipāta
918. Samakho (ṭīkā).
919. Sumana setthi.
920. Sujāvaṇṇa.
921. Sunandarā theli.
922. Silinan.
923. Samuddaghosa.
924. Dhammacakka (pe).
925. Kusala (Nisay).
926. Soṅ phot săt.
927. Dhammacakka (mulla).
928. Anisoṅ vinaya.
929. Aliyavatthu.
930. Anisoṅ sin.
931. Anacakka dhammacakka.
932. Appamatham.
933. Sila*k*an*th*a
934. Saṅkhalavatthu.
935. Saṅkhayalok.
936. Sakkala vatthu.
937. Yamuka.
938. Antalathanasut.
939. Kai kev (lam).
940. Soṅ suan ap.
941. — buot cua.
942. — khandai kev.
943. — pham.
944. Mai si liem.
945. Patimokkha (pe).
946. Pañña Pāramī (soṅ).
947. Soṅ sankhat Dhatu Phanom.
948. Soṅ khương sep *t*aṅ lai.
949. Naṅ Khosop.
950. Pitaka rom.
951. Mahānāma tham baṅha
952. Soṅ yot ya.
953 Anuloma katsasana.

954. Nolasat.
955. Tamnan *k*ulu tham.
956. Tamnan doi tao.
957. Tamnan *t*hattakoṅ.
958. — Pra cao oṅ luoṅ.
959. Tamnan Pra cao tat ket.
960. — Mu*l*uta *t*evada.
961. Soṅ *k*am*p*i.
962. Lokahani.
963. *P*aya In su lok.
964. Mo*kk*ala *t*ham *p*et.
965. Musika*s*adok.
966. Lokavithu.
967. Mahāsamaya sut.
968. *Putthakhosa* kuman.
969. Paramī kut
970. Para*m*i tham.
971. *Putth*asut.
972. Paravan sam then.
973. *Putt*haman ta.
974. Palamatthap*h*avasut.
975. Vohan dhamṁacakka.
976. Vatlaṅkuli.
977. Vatthu sai *t*ukkattha faṅ kaṃ *p*o.
978. — tevada liep lok.
979. — kundali.
980. — kiṅ nieu.
981. — *p*et soṅ pua mia le luk.
982. — hai sin.
983. — manussaxat.
984. Loma*p*assa.
985. Naṅ Ma*tti*-ṃ luk.
986. Settavan (pa).
987. Nok khi *t*ai.
988. Vi*p*haṅgasut.
989. Oṅ*k*alakana*t*an.
990. Ovādakathā.
991. U*tt*en.
992. Tamnan mai sali.
993. Mahāpatthānasut.
994. Mullalok.
995. Macaliya.
996. Mulla kammathan.

997. Pitakamala.
998. Puññakiyā.
999. Sili Vipulakittisadok.
1000. U*tt*ala.
1001. Soṅ pha dok *k*am.
1002. Ma*tt*hurassa *k*amson.
1003. Soṅ *t*hatu.
1004. *T*evada sòn lok.
1005. Baṅsut satta.
1006. *K*atha Uppa*k*ut.
1007. Anisoṅ hṃa fai.
1008. Pa*t*ala.
1009. Patisaṅhkā yo (sap).
1010. Pan uposo*t*.
1011. Catulok *t*aṅ si.
1012. Vinai *t*et.
1013. *K*atha tippamon sut.
1014. Savandi.
1015. Su*p*oka setthi.
1016. Kam*p*a kha bo tai.√
1017. Tamnan doi *t*uṅ.
1018. Tamnan *P*ra cao oṅ luoṅ mṃoṅ Pra yao.
1019. Tamnan *t*hoṅ yaṅ mṃoṅ faṅ.
1020. *P*ra cao dṃn pai *p*othisat.
1021. Intanin.
1022. Samat Si Suthon.
1023. Can*t*akinalasadok.
1024. Suvanna teṅ *k*iau.
1025. *K*ailavavisay.
1026. Tao noi oṅ kam.
1027. Vatthu Ho (Niyay).
1028. Hoṅ soṅ kho.
1029. Cunkali luoṅ.
1030. Saṅhatila*t*palasuk.
1031. Lokathacaliya.
1032. Sut mon khaṅ (pali).
1033. Sadok mit kaṃ.
1034. *K*atha *P*aya In hai *p*avanna.
1035. Paññāpāramī (*k*atha).
1036. Tualaphi.
1037. Vipatsi sap.
1038. Siṅhamat.

1039. Cakkavutti pa pasut.
1040. Rāhulasut.
1041. Ma*tth*urassavāhinī.
1042. Niyay *tañ* hok..
1043. Bua loñ.
1044. Ratanarañsi.
1045. Sonan*t*a kuman.
1046. Suvannasataka.
1047. Samacittasut.
1048. Sakayamulla.
1049. Sappabanha.
1050. Mahāsanti.
1051. Ma noi sadok.
1052. Mālison.
1053. Mulla ṭīkā nammakon *Pra* cao.
1054. Mattasalilasut.
1055. Makhayo
1056. Ma*tt*hu *k*atha.
1057. Tamnan lañkham *Paya* In.
1058. Setthi *tañ* kao.
1059. Vatthu soñ *pua* mia ma tuk hai
1060. Mahat rom
1061. Kam*p*a ka dam..
1062. *K*athā Nāgasena.
1063. *K*athā Xayasañ*k*aha.
1064. *K*oñ son nen.
1065. Tamnan hin leñ.
1066. Lomakasa.
1067. Kusalatham ovat.
1068. Athila upasok tham banha sab-
    baññu cao.
1069. Ua *K*iem.
1070. Nakkalasopeni (Niyay).
1071. Soñ pha kanthin.
1072. Nitan that doi Siñ*k*uttala.
1073. Mu th*u*en.
1074. Pāramī phitsakut.
1075. Su*p*hasit tham.
1076. *K*ilimanan*t*asut.
1077. Soñ khao ci.
1078. Mahanibbānasutta.
1079. *Pra* cao soñ *Pra* Oñ thamnuei
    vai

1080. Sunantasadok.
1081. Itipiso*p*avataso.
1082. Tamnan pha tek.
1083. Soñ pha kañ.
1084. *Pra* cao sañ Anon.
1085. Nan*t*ika.
1086. Soñ pha bañsakun.
1087. Cundathelo.
1088. Kalami*t*acak.
1089. Sut *k*ili isi (sap).
1090. Man*t*asut (sap).
1091. Yesanta (sap).
1092. Dhammacakkapavattanasut
    (sap).
1093. Can*t*apham.
1094. *T*antathat rom.
1095. Lokana sin.
1096. Pala*p*hava.
1097. Mahā kundala.
1098. *P*hava *t*añ sam.
1099. Kan suei.
1100. *K*oñ pha *k*oñ bat.
1101. Thula*p*anta.
1102. Thampason.
1103. Polanasañkhiha.
1104. Sañkhaphat.
1105. *Pra* cao son nai *p*an (kap).
1106. Niyay khao pai fañ ubat kuot
    ban m*u*roñ.
1107. Hattana *Pra* cao loñ then.
1108. Tamnan *k*on kuet.
1109. Khamson luk.
1110. Satipatthāna.
1111. Vohan.
1112. Mañgalasutta.
1113. Lokavinaya.
1114. *T*ao *k*am.
1115. Pathamasambodhi.
1116. Vieñ kèo ni*p*an.
1117. Sadok seṭhi.
1118. Kusala nisay *k*atha.
1119. Palasut (sap).
1120. Vatthu Nañ Kitsakotami.